LES

ÉLECTIONS NAPOLÉONIENNES

DANS

LA CHARENTE-INFÉRIEURE

LES
ÉLECTIONS NAPOLÉONIENNES

DANS

LA CHARENTE-INFÉRIEURE

PAR

SOURISSEAU

Propriétaire à Siecq

ANGOULÊME

IMPRIMERIE CHARENTAISE DE A. NADAUD ET Cⁱᵉ

REMPART DESAIX, 26

—

1866

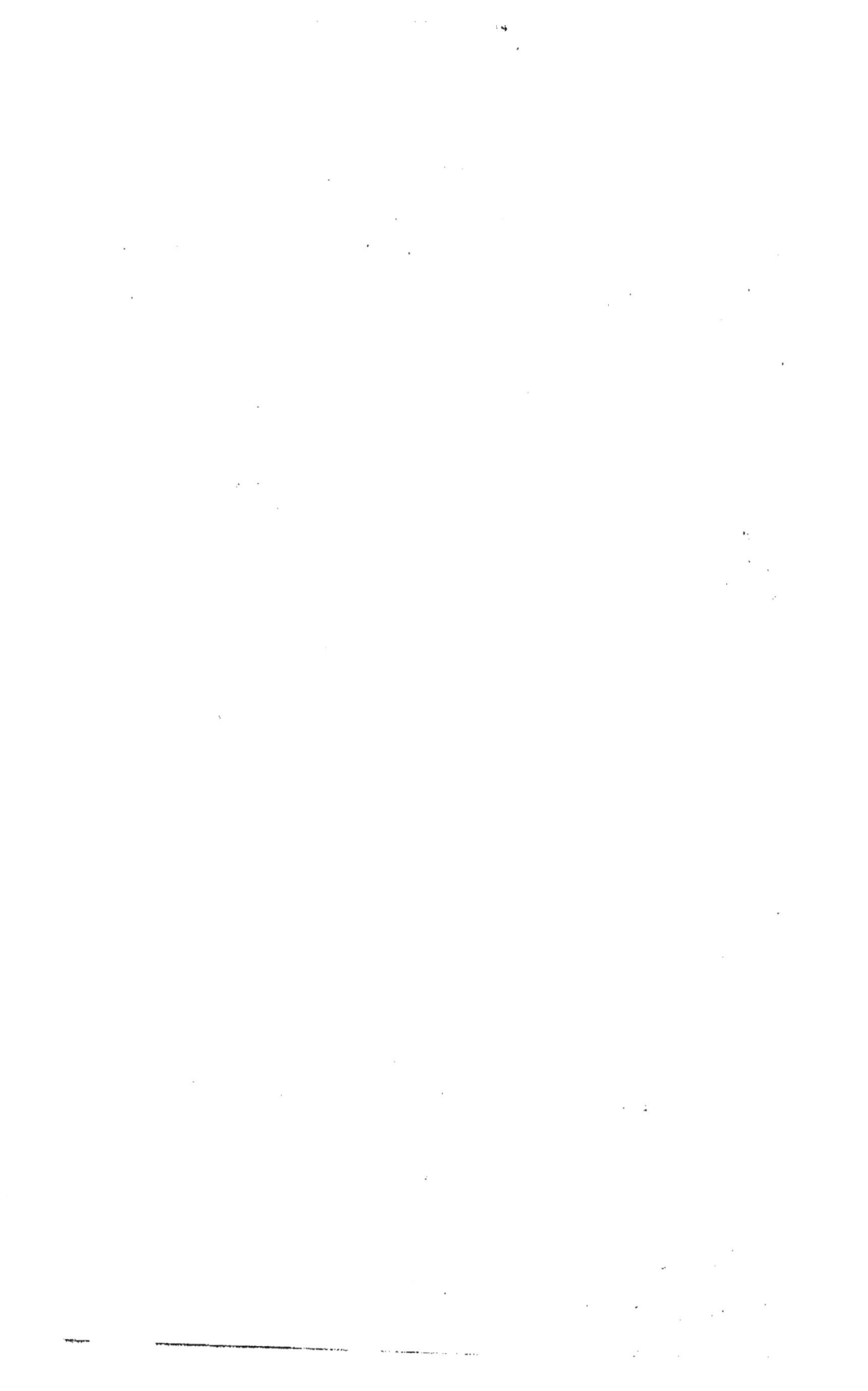

LES
ÉLECTIONS NAPOLÉONIENNES

DANS

LA CHARENTE-INFÉRIEURE

————

A mesure que le temps s'écoule, les événements les plus graves auxquels on a assisté s'effacent de la mémoire, et si aucun écrit n'en rappelle le souvenir ils peuvent être dénaturés par ceux qui en parlent.

Cependant, parmi les grands faits de l'histoire, il en est de tellement graves qu'ils devraient toujours être présents à l'esprit, aujourd'hui surtout que tous les citoyens prennent, par les élections, une part active aux affaires du pays. Si l'on ignore les faits qui ont le plus influé sur la politique, on risque de se tromper quand il s'agit de laisser tomber un vote dans la boîte du scrutin.

La révolution de 1848 a été certainement pour toute la France l'événement le plus important du siècle. Elle a donné naissance à une foule de faits qui se sont succédé rapidement et qui influent encore aujourd'hui sur l'esprit des populations ; mais, quoique encore bien rapproché de cette époque remarquable, on commence à oublier ce qui s'y est passé, et dans quelques années tout ce qui a été fait alors sera complétement ignoré des trois quarts de la population si aucun écrivain véridique ne le consigne par écrit.

Bien des livres ont été faits sur cette révolution ; mais les uns, inspirés par l'esprit de parti, dépeignent sous un faux jour les hommes et les choses du temps ; les autres rapportent les événements d'une manière trop générale. Quant à moi, je vais seulement rappeler ce qui s'est passé dans le département de la Charente-Inférieure, et particulièrement dans la circonscription électorale composée de l'arrondissement de Saint-Jean-d'Angély et de deux cantons de l'arrondissement de Saintes. Je dirai tout ce que ma mémoire me rappelle et ce qui a été consigné dans les écrits du temps. Je le ferai avec sincérité, sans aucune arrière-pensée, et simplement comme un homme qui raconte ce qu'il a fait et ce qu'il a vu.

Dans les premiers jours de février 1848 le peuple paraissait tranquille, mais il existait à la Chambre des députés un désaccord sur des choses au sujet desquelles je n'ai pas à entrer dans des détails.

Le 25 février on apprit qu'une révolution avait éclaté à Paris dans les journées des 23 et 24, et qu'un gouvernement provisoire avait été nommé. Cette nouvelle ne fut pas accueillie avec plaisir dans le pays. Chacun avait de la défiance et craignait quelque malheur. Mais le gouvernement provisoire fit publier dans les communes des proclamations qui rassurèrent un peu le peuple, et il se trouva des gens qui commencèrent à croire et à propager que tout pouvait encore aller bien. Ces braves gens s'efforçaient de faire accroire aux autres des choses qu'ils ne connaissaient pas eux-mêmes.

Sur ces entrefaites, on reçut l'invitation d'adhérer à la République. Un grand nombre de personnes y adhérèrent, comme si elles eussent été sûres que tout irait pour le mieux, et pourtant la plupart de ces adhérents n'avaient jamais entendu parler des hommes qui composaient le gouvernement provisoire.

Quant à moi, je refusai mon adhésion. Sans doute la République pouvait marcher sans moi, et le refus de ma signature n'empêcherait pas le gouvernement de se maintenir ; mais enfin j'étais libre et j'usais de ma liberté. Je n'étais qu'un simple habitant de la campagne, un simple agriculteur ; mais la République ne m'inspirait pas de confiance. Je prévoyais à peu près tout ce qui est arrivé, et surtout la misère qui allait frapper les ouvriers et le peuple, ce qui ne tarda pas à être confirmé quand on apprit que l'on formait à Paris les fameux ateliers nationaux.

On apprit aussi que le prince Louis-Napoléon Bonaparte était rentré en France, qu'il était venu à Paris et qu'il était retourné quelques jours après en pays étranger. Cette nouvelle commença à jeter de la défiance envers le gouvernement provisoire. « Comment se fait-il, se disait-on, qu'aucun membre de cette famille qui a été si longtemps chérie de tous les Français, comment se fait-il que le prince Louis ne soit pas parmi ceux qui nous gouvernent ? » La présence d'un Napoléon dans le gouvernement eût rassuré les populations. Les agents du pouvoir, qui savaient cela, s'efforçaient par leurs paroles de remettre la confiance dans le cœur du peuple en attestant les bonnes intentions de nos gouvernants.

On reçut l'ordre dans toutes les communes de faire des banquets patriotiques, et on les fit; on s'amusa comme si l'on eût été sûr que la prospérité générale allait renaître. Mais on avait tort de tant se presser; mieux eût valu attendre les actes du nouveau gouvernement. Quoi qu'il en soit de ces banquets, ils avaient cela de bon qu'il semblait que le plus parfait accord régnait dans toutes les communes : le peuple était en joie, et cette joie avait succédé à la défiance qu'avait inspirée la proclamation de la République. Pourtant, parmi tous ces *banqueteurs*, il y en avait plus d'un qui se réjouissait plutôt du repas lui-même que de la forme du gouvernement, et, en effet, il n'y avait pas lieu de s'en réjouir beaucoup. Mais les agents du gouvernement avaient si bien persuadé au peuple que la République ferait son bonheur, que je me trouvais presque seul de l'opinion contraire; il me semblait que les choses, au lieu d'aller bien, allaient fort mal, et que plus tard tous ceux qui croyaient en ce moment aux promesses de la République pourraient bien changer d'avis.

En voyant tous ces gens assis autour d'une table chanter, rire, manger et boire, je pensais aux moissonneurs et aux ouvriers qui, ayant fait une entreprise qu'ils croient avantageuse, commencent par se régaler à table, et qui, plus tard, reconnaissant qu'ils ont perdu de l'argent, regrettent celui qu'ils ont dépensé dans leur réjouissance anticipée. Parmi tous ceux qui s'asseyaient autour de la table commune, il y avait beaucoup de personnes animées de bonnes intentions et ayant une entière confiance dans le gouvernement provisoire; mais combien ont reconnu plus tard qu'elles s'étaient trompées!

Quant à moi, je prévoyais que ces banquets seraient suivis de quelque catastrophe dont la France entière aurait à souffrir, et si j'y prenais place, comme tant d'autres, c'était pour n'être pas accusé d'avarice.

Comme je ne cachais pas ma façon de penser envers la République, j'avais un grand nombre de contradicteurs; l'expérience a prouvé que c'étaient des imprévoyants qui s'étaient laissé prendre aux belles paroles et aux promesses illusoires de quelques amis du gouvernement d'alors. Ceux qui n'en disaient rien passaient pour des défiants. Je ne craignais pas les horreurs de 93, parce que si des fautes se font à une époque, les gouvernants qui viennent après se gardent bien d'y retomber; mais je redoutais les révolutions, parce qu'en détruisant la confiance, elles paralysent le commerce et plongent le peuple dans la misère.

J'avais prévu, comme je l'ai dit plus haut, que les banquets patriotiques seraient suivis d'une grande catastrophe; c'est ce qui est arrivé : peu de temps après, le gouvernement provisoire décréta l'impôt des quarante-cinq centimes. Ce fut comme un coup de foudre. La demi-confiance que les partisans de la République avaient eu tant de peine à inspirer, et qui déjà s'affaiblissait de jour en jour, disparut totalement, le commerce fut complétement paralysé, les propriétaires ne trouvaient pas à vendre leurs récoltes, les ouvriers étaient sans travail. Et, au milieu de cette calamité universelle, on voyait des hommes qui parcouraient les bourgs et les villages, vantant partout la République qui faisait le bonheur du peuple! Hélas! ces enthousiastes aveugles ne voyaient pas qu'ils

1.

traînaient la misère à leur suite, qu'elle les suivait pas à
pas et qu'elle entrait dans les maisons si bien que les
portes en fussent fermées; et quand elle s'y était installée
on ne pouvait plus l'en chasser. A dater de ce moment, le
gouvernement provisoire n'eut plus d'amis dans nos campagnes.

Cependant on avait institué le suffrage universel et
annoncé au peuple qu'il serait appelé à voter pour l'élection de représentants à une Assemblée nationale, qui prit
ensuite le nom d'Assemblée constituante. On devait élire
un représentant par quarante mille âmes. Le peuple, toujours reconnaissant des droits qu'on lui accorde et toujours
prêt à se laisser bercer par l'espoir, s'imagina que lorsque
cette assemblée, composée de ses élus, serait constituée,
les affaires reprendraient leur cours.

Les électeurs du suffrage universel furent convoqués
pour la première fois pour élire leurs propres représentants, les représentants du peuple. Plusieurs communes
devaient voter le jour Pâques, d'autres le lendemain; le
vote avait lieu au chef-lieu de canton. Le département de
la Charente-Inférieure avait douze représentants à nommer,
et ils étaient élus par tous les électeurs votants du département; le recensement général se ferait à La Rochelle;
les douze candidats qui auraient obtenu le plus de voix
seraient les représentants du département à l'Assemblée
nationale.

Il faisait un bien mauvais temps le jour où pour la première fois le peuple allait exercer son droit de suffrage,
un si mauvais temps que bien des gens n'auraient pas
voulu sortir pour leurs affaires personnelles; mais, malgré
ce désagrément, on avait tant d'espoir que l'Assemblée
nationale ramènerait le bien-être, que l'on se rendit en

foule au scrutin. On votait par scrutin de liste, c'est-à-dire que chaque électeur pouvait mettre douze noms sur son bulletin. Parmi les candidats qui s'étaient présentés pour la Charente-Inférieure, il y en avait qui n'étaient connus que d'un petit nombre de personnes, en sorte que les électeurs de la campagne ne savaient s'ils devaient les nommer. Bon nombre d'entre eux votèrent pour le prince Louis-Napoléon Bonaparte, bien qu'il ne se fût pas porté candidat. Il ne fut pas élu; ce fut la liste que l'on disait patronnée par le gouvernement qui passa, sauf un candidat qui fut remplacé par M. Dufaure.

Comme il y avait des élections doubles, l'Assemblée nationale n'était pas au complet. Il fallut procéder à un nouveau scrutin dans les départements dont un ou plusieurs candidats avaient été élus ailleurs. M. Bethmont, élu dans le département de la Charente-Inférieure et dans plusieurs autres, ayant opté pour un autre département que la Charente-Inférieure, un nouveau vote eut lieu pour lui donner un remplaçant. Les électeurs furent convoqués pour le 4 juin 1848; mais cette fois ils commençaient à être désabusés au sujet des hommes qui leur avaient montré la République sous un si favorable aspect, et, regrettant de s'être laissé tromper une fois, ils se promettaient bien de n'être pas trompés une autre.

Deux candidats se présentaient; c'étaient MM. Paillet, avocat, et Thomas, l'un des rédacteurs de l'ancien journal *le National.* Leur candidature fut soutenue par les journaux du département; les uns disaient : Nommez M. Paillet; les autres : Nommez M. Thomas. M. Thomas était le candidat du gouvernement provisoire, qui, aux élections précédentes, avait échoué. Ses amis pensaient qu'il aurait cette fois plus de chance, et l'administration soutenait sa candidature encore plus chaudement que la première fois.

Dans tout cela il n'était pas question du prince Louis-Napoléon ; mais la grande majorité des habitants des campagnes, lasse d'entendre dire que tout irait bien, pendant que tout allait mal et semblait devoir aller de mal en pire, cette majorité, jointe au grand nombre d'électeurs qui avaient voté pour le prince aux premières élections, bien qu'il ne se portât pas candidat, ayant entendu dire qu'il présenterait sa candidature aux élections du 4 juin, ce fut partout une joie immense ; on ne parlait plus que du prince : « C'est le neveu du grand empereur, disait-on de toutes parts ; c'est le descendant de Napoléon Ier ; c'est lui qui saura soutenir l'ordre et qui en sera le plus vaillant défenseur ; c'est lui qui nous donnera les meilleures lois, la gloire et la prospérité. » — On sait maintenant que ceux qui parlaient ainsi ne se trompaient pas. — « C'est le prince Louis-Napoléon, poursuivait-on, qui est le véritable ami du peuple ; tous ceux qui aiment l'ordre et la concorde nous aiment ; ceux qui prêchent la discorde veulent se servir de nous pour satisfaire leur ambition ; ils ne veulent pas être nos amis, ils veulent être nos maîtres, etc. »

C'était bien parler, car il n'y a de prospérité pour un pays qu'avec l'ordre, et il n'y a que les esprits faibles et les gens sans aveu qui se laissent prendre aux belles paroles de ceux qui les poussent à l'émeute. La journée du 15 mai à Paris l'a bien prouvé.

C'était donc à titre de sauveur de l'ordre, de réparateur, que le prince Louis, se portant candidat aux élections du 4 mai, était si chaudement accueilli par le plus grand nombre des électeurs de notre département ; sa candidature allait grandissant tous les jours ; cependant elle rencon-

trait de l'opposition parmi les gens qui, après la révolution de février, avaient été les premiers à proclamer les
bienfaits de la République, laquelle, selon eux, devait
faire le bonheur du peuple; mais on n'ajoutait plus foi à
leurs paroles.

La candidature du prince et celle de M. Thomas étaient
toutes deux soutenues avec opiniâtreté. Quelques amis de
M. Paillet s'étant rangés du côté du prince, l'élection du
4 mai occupa plus l'esprit des électeurs que ne l'avait fait
celle des fêtes de Pâques, bien qu'alors il s'agissait de
nommer douze représentants, tandis qu'il n'en fallait
nommer qu'un seul le 4 mai; mais les électeurs sentaient
comme d'instinct que du choix qu'ils feraient en cette circonstance dépendait le sort de la République et de la
France, et, comme pour justifier le dicton : *La voix du
peuple est la voix de Dieu,* le prince Louis-Napoléon fut
nommé à une immense majorité. Le peuple avait parlé,
la France était sauvée.

Louis-Napoléon avait été également élu dans les départements de la Seine, de l'Yonne et de la Corse. Cette nouvelle, répandue partout, causa la plus vive joie non-seulement aux électeurs qui lui avaient donné leur voix, mais
encore aux indifférents et aux timides qui ne s'étaient pas
rendus au scrutin. On présageait les grandes et glorieuses
destinées qui nous attendaient sous son règne.

Cependant le prince ayant su que sa nomination avait
été combattue par un grand nombre de représentants, et
ne voulant pas que l'on pût dire que son entrée à l'Assemblée nationale y jetterait la discorde, n'accepta pas le
mandat que lui avaient conféré quatre départements. Il
fallait donc voter encore une fois.

Nous fûmes convoqués, si mes souvenirs ne me trompent pas, pour le 17 septembre. Cette fois nous ne rencontrions plus d'opposants ; chacun savait que le prince serait élu de nouveau ; les massacres qui avaient eu lieu à Paris dans les funestes journées du 24 au 27 juin ne contribuaient pas peu à faire haïr la République et à donner toutes les voix à un homme qui saurait tenir d'une main ferme les rênes du gouvernement ; car en portant un Napoléon à l'Assemblée nationale, ce n'était pas un simple représentant que l'on voulait faire, c'était un chef suprême, un souverain. Aussi, le jour de l'élection, plusieurs électeurs, en se rendant au scrutin, criaient : Vive l'Empereur ! bien que nous fussions en République. « Nous voulons un maître, disaient-ils, et nous le trouverons dans le neveu du grand homme. »

Il est à remarquer que les électeurs qui au vote du 4 juin n'avaient pas voulu donner leur voix au prince Louis-Napoléon ne se présentèrent pas au scrutin du 17 septembre ; ne voulant pas subir un échec certain, car il n'était presque plus question d'autre candidature que de celle du prince.

Les élections se firent avec un accord et un ordre admirables ; Louis-Napoléon fut élu presque à l'unanimité des suffrages exprimés, et d'autres départements ayant eu à voter le même jour que les quatre qui avaient nommé le prince, il fut élu dans cinq départements. Élu de nouveau dans la Seine, il opta pour Paris. C'était pour nous une élection encore à refaire.

M. Coutanceaux, élu aux élections de Pâques, ayant donné sa démission, nous avions deux représentants à nommer. Nous voulions les prendre parmi les amis du prince deux fois élu par nous ; de plus, les massacres de juin ayant appris qu'il nous fallait des hommes capables de maintenir l'ordre aussi bien par les armes que par la parole, on prit pour candidats le maréchal Bugeaud et le général Regnaud de Saint-Jean-d'Angély, aujourd'hui maréchal de France. En présence de ces deux grands noms et des talents si connus de ces deux hommes illustres, aucune autre candidature ne pouvait triompher. Cependant les électeurs qui avaient voté contre le prince repoussaient aussi le maréchal Bugeaud et le général Regnaud de Saint-Jean-d'Angély, quoique leur nomination fût assurée. Ils disaient du général qu'il n'était presque jamais venu à Saint-Jean-d'Angély, et du maréchal que sous la monarchie de Juillet c'était lui qui commandait les troupes dans les émeutes du faubourg Saint-Antoine et de la rue Transnonain. Mais la vérité se fit jour et la critique fut repoussée, ce qui prouve l'exactitude du proverbe : *La lime ne mord pas sur le diamant.* Le général Regnaud de Saint-Jean-d'Angély, dont le nom et les hautes qualités faisaient déjà honneur à notre département, et qui par ses talents s'est montré digne du grand nom qu'il porte, et le maréchal Bugeaud, qui, en Afrique, avait rendu d'éminents services à la France, ces deux hommes si dignes de nous représenter furent élus à une grande majorité, comme l'avait été le prince Louis-Napoléon, et à peu près par les mêmes électeurs.

L'Assemblée nationale ayant terminé la Constitution, tous les électeurs de France furent convoqués pour le 10 décembre 1848 à l'effet de nommer un président de la République. On s'occupait déjà de cette nomination dès avant que le jour du vote fût décidé; mais lorsqu'il fut connu, on ne parla plus que de cette grande affaire. On devinait que le vote du 10 décembre déciderait du sort de la France; c'était d'ailleurs ce que disaient tous les journaux de Paris et des départements.

Cinq candidats se présentaient : c'étaient le prince Louis-Napoléon, le général Cavaignac, le poète Lamartine, l'avocat Ledru-Rollin et Louis Blanc.

Bien que l'on pensât que la grande majorité se prononcerait pour le prince Louis-Napoléon, le résultat du vote pouvait être douteux ; le général Cavaignac, auquel l'Assemblée nationale avait confié le pouvoir exécutif pendant la révolution de juin, avait un grand nombre de partisans ; le prince Louis aurait toutes les voix des paysans, qui haïssaient la République parce qu'elle les entraînait les premiers dans la misère ; il aurait aussi les voix de quelques bourgeois, mais on craignait que la majorité des voix de la bourgeoisie ne se portât sur le général Cavaignac ; de plus, le général Cavaignac, qui avait en mains le pouvoir exécutif, pouvait, croyait-on, compter sur les voix de l'armée et de tous les employés des administrations. On pouvait donc, comme je l'ai dit plus haut, douter du résultat de l'élection ; mais on savait que, quel qu'il fût, il n'occasionnerait rien de fâcheux, car les voix données au général aussi bien que celles données au prince seraient toujours des voix des amis de l'ordre.

Il se trouvait aussi dans les campagnes quelques électeurs qui parlaient des autres candidats, mais on n'y faisait pas attention.

Jusqu'au jour de l'élection, ceux qui combattaient la candidature du prince essayaient de nous faire accroire qu'il n'y aurait que peu de départements qui voteraient pour lui. « On sait bien, disaient-ils, qu'il aura la majorité dans la Charente-Inférieure et dans la banlieue de Paris, mais il ne faut pas qu'il compte l'avoir dans les autres départements. » Ce n'était pas cela qui nous aurait empêché de voter pour lui. « Si vous votez pour Louis-

Napoléon, nous disaient d'autres opposants, ce n'est qu'à cause de son nom; qu'est-ce qui vous prouve qu'il le portera aussi bien que son oncle? — Et puis, vous vous imaginez que si vous le mettez à la tête du gouvernement, vous ne paierez plus d'impôts? Laissez-le faire et vous verrez ce qu'il en sera. » Nous savions bien qu'il ne peut exister de gouvernement sans argent, et qu'il en faut pour défendre l'honneur du pays à l'extérieur, maintenir l'ordre à l'intérieur et donner la prospérité au commerce. Louis-Napoléon a diminué l'impôt du sel et le prix des ports de lettres; nous sommes satisfaits.

Il est temps de dire quels motifs nous portaient à élever au pouvoir le prince Louis-Napoléon. C'était d'abord un hommage que nous voulions rendre au souvenir de l'empereur Napoléon Ier, son oncle. L'empereur était mort à Sainte-Hélène sans qu'aucun honneur eût été rendu à sa tombe par le gouvernement des Bourbons, hostile à la famille des Napoléon; c'était pour nous une honte, et l'élection du 10 décembre était une excellente occasion de la laver.

D'un autre côté, le peuple auquel, depuis plus de neuf mois, on ne cessait de promettre le bonheur suprême, et auquel on ne donnait que la misère extrême, était las de République; il n'en voulait plus. Ceux qui avaient un peu de fortune la voyaient s'amoindrir; ceux qui n'en avaient pas ne trouvaient plus à gagner leur vie. On espérait que ces maux, qui avaient commencé avec la République, finiraient avec elle, et que le neveu de l'empereur nous rendrait les gloires de l'Empire.

Les vieux soldats qui avaient servi sous Napoléon Ier nous racontaient les brillantes campagnes auxquelles ils avaient pris part sous les ordres du grand homme, et,

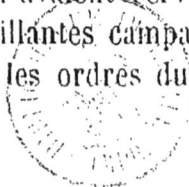

comme chacun doit aimer l'honneur de son pays, nous voulions nous ranger sous l'étendard napoléonien, qui a porté si loin la gloire de la France et a fait pâlir tant d'ennemis : ce drapeau que suivaient si vaillamment nos armées qui n'ont pu être vaincues que par le ciel ; et ceci n'est pas une exagération, car, sans les froids exceptionnels qui ont gelé nos soldats en Russie, froids inconnus jusqu'alors, même des Russes, nous serions revenus vainqueurs de Saint-Pétersbourg ; et qui sait, s'il en eût été ainsi, jusqu'où Napoléon eût pu pousser nos conquêtes?

Nous ne voulions plus de la République que l'on avait établie malgré nous ; nous voulions un gouvernement bonapartiste, sachant bien que sous un tel gouvernement l'anarchie ne relèverait plus la tête. Nous savions aussi que le prince Louis était doué de grandes capacités, et, entre autres, qu'il était l'auteur d'un ouvrage sur l'artillerie, dont M. François Arago avait fait le plus grand éloge à l'Académie des sciences ; enfin nous apprîmes que toute la famille Bonaparte désirait la nomination du prince Louis à la présidence de la République, et le prince lui-même publia une profession de foi toute de conciliation entre les partis, chose si désirable ; nous nous décidâmes résolûment à lui donner nos voix.

Les élections pour les représentants s'étaient faites au chef-lieu de canton ; celle pour la présidence se fit par groupes de cinq ou six communes dont les électeurs se réunissaient dans celle qui avait été désignée.

Ce fut un beau jour que celui de l'élection du 10 décembre ; tous les électeurs se portaient au scrutin ; on voyait arriver des voitures et des charrettes chargées de vieillards en cheveux blancs, à l'air vénérable, et l'on allait les aider à descendre ; ils étaient courbés sous le poids des années; ils avaient perdu leurs forces, mais l'amour du pays les soutenait; la joie les avait ranimés; ils allaient se mettre dans les rangs des jeunes gens qui étaient venus tambour en tête et aux cris de: Vive Napoléon. En allant déposer leur bulletin portant le nom de Louis-Napoléon (le mot *prince* n'était pas admis), les uns racontaient quelques hauts faits de Napoléon Ier, d'autres parlaient des mauvais jours qu'ils avaient passés sous les autres gouvernements; tous exprimaient le désir d'être gouvernés par un descendant du grand homme. « Fondons, ajoutaient-ils, la dynastie napoléonienne; c'est le meilleur des gouvernements. Ne soyons pas si mous que nous l'avons été sous la première République que nous avons laissée durer trop longtemps. Renversons celle-ci, où nous sommes constamment sous le poids de la misère et de la crainte de nouvelles révolutions. » Tout le monde applaudissait à ces paroles, et chacun déposait son bulletin avec enthousiasme.

On connaît le résultat du vote du 10 décembre : le prince, qui avait eu cette fois encore une grande majorité dans la Charente-Inférieure, obtint dans toute la France entre sept et huit millions de suffrages. Jamais il ne s'était produit une manifestation plus éclatante et plus nationale.

Il était temps de confier les rênes de l'État à une main ferme, car si la situation créée par le gouvernement provisoire eût duré et si celle créée par la Constitution eût été admise, nous aurions vu les ambitieux se succéder au pouvoir avec des promesses qu'ils n'auraient pas pu tenir, même quand ils en auraient eu l'intention, car il n'est pas si facile qu'on le pense de faire ce que l'on veut quand on est à la tête d'un gouvernement. Aussi ne faut-il pas croire aux belles promesses de ceux qui veulent gouverner; ils savent bien qu'ils ne pourront pas les tenir. Ce qu'il y a de plus vrai chez eux, c'est l'ambition.

On a dit que le résultat de l'élection du 10 décembre était dû aux habitants des campagnes ou aux paysans, comme on nous appelle, qui ont tous donné leur voix au prince Louis-Napoléon. Il est vrai que nous avons tous voté pour le prince; mais qu'est-ce que cela prouve? sinon que les paysans connaissent mieux les intérêts de leur pays que ceux qui n'ont pas voté pour celui qui est aujourd'hui notre empereur.

Ce n'est d'ailleurs pas la première fois que les habitants des campagnes ont manifesté leur attachement à la famille des Napoléon. Lorsque l'empereur Napoléon Ier revint de l'île d'Elbe, il débarqua près d'Antibes et envoya dans cette ville vingt-cinq grenadiers de sa garde et un officier, qui y entrèrent aux cris de : Vive l'empereur! mais ils y furent retenus prisonniers. L'empereur ayant établi son bivouac dans un champ d'oliviers, fut bientôt entouré de paysans qui lui témoignèrent leur bonheur de le revoir en France, et que Napoléon se plut à interroger. Plusieurs d'entre eux le suivirent quand il marcha sur Paris. Les habitants de la ville de Grasse, qui se trouvaient sur son passage, suivirent l'exemple des paysans; ils entourèrent l'empereur et lui offrirent l'hospitalité; mais Napoléon préféra coucher dans un village, au milieu des habitants de la campagne. A mesure que l'illustre exilé avançait, toutes les populations se prononçaient en sa faveur; elles accouraient de toutes parts sur sa route. Tous avaient vu, depuis vingt-cinq ans à peine, se succéder bien des gouvernements; ils avaient vu le règne de Louis XVI, celui de la République, l'Assemblée constituante, l'Assemblée législative, la Convention, le Directoire, le Consulat, l'Empire, la Restauration ; ils avaient pu apprécier tous ces gouvernements, et ils savaient que l'Empire était le meilleur. Voilà pourquoi ils accueillaient si chaudement l'empereur.

Aussi plus Napoléon s'avançait, plus l'exemple donné par les paysans à son arrivée était suivi, plus l'enthousiasme était grand. A Grenoble, Napoléon est reçu aux cris de : Vive l'empereur ! Le peuple, dont la joie va jusqu'au délire, l'entoure, l'enlève et le transporte au cœur de la ville. A Lyon, même dévouement ; de même à Mâcon ; à Chalon-sur-Saône, le peuple et les magistrats accourent à sa rencontre. L'armée envoyée par Louis XVIII pour arrêter la marche de l'empereur se range de son côté et l'accompagne. Les préparatifs considérables faits pour s'opposer à son entrée à Paris ne l'arrêtent pas ; il y est reçu aux acclamations universelles. S'il n'eût empêché les habitants des campagnes de le suivre, il serait arrivé à Paris accompagné de plus de deux millions de paysans. D'Antibes à Paris la marche de l'empereur a été une marche triomphale, et il en eût été de même sur tout autre point de la France où il aurait débarqué.

Qu'on juge par ces faits si le gouvernement impérial n'est pas celui que les habitants des campagnes ont toujours préféré et qu'ils ont toujours demandé les premiers. A la rentrée de Napoléon Ier à Paris, Louis XVIII, venu de l'étranger, a été forcé de retourner à l'étranger ; son successeur Charles X et Louis-Philippe, le successeur de Charles X, y sont morts tous les deux ; la République enfin a été deux fois enterrée. L'Empire, je le répète, est le gouvernement qui convient le mieux à la France.

Dans les premiers mois de l'année 1849, sur la proposition de M. Rateau, représentant élu par le département de la Charente, l'Assemblée constituante vota sa propre dissolution. Nous fûmes convoqués, si je ne me trompe, pour le 13 mai, à l'effet d'élire dix représentants du peuple à l'Assemblée législative, qui devait, cette fois, se composer de sept cent cinquante membres, c'est-à-dire de cent cinquante de moins que l'Assemblée constituante.

Nous nous attendions à rencontrer au scrutin des opposants au prince président de la République, mais ils étaient en petit nombre et leurs efforts ne pouvaient qu'être vains ; les succès si souvent répétés de Louis-Napoléon dans notre département le disaient assez. Plusieurs candidats dévoués au prince se présentèrent. Il y en avait même plus que nous n'avions le droit d'en élire, ce qui avait son mauvais côté ; car ce grand nombre de candidats pouvait diviser la majorité. Il y en avait quatre, entre autres, dont l'élection était assurée d'avance, parce que leurs votes à l'Assemblée constituante avaient plu à tous les électeurs. C'étaient MM. Baroche, Dufaure, le maréchal Bugeaud et le général Regnaud de Saint-Jean-d'Angély.

Depuis le 10 décembre, le prince-président que nous avions élu s'était montré d'une habileté politique et d'un dévouement qui dépassaient nos espérances ; mais il avait à surmonter de grands obstacles ; les électeurs devaient lui venir en aide dans l'accomplissement de sa difficile mission, en nommant des représentants dévoués à sa personne et à sa politique.

On était très impatient de connaître le résultat du scrutin, car parmi les candidats et parmi les électeurs il se trouvait des hommes aveuglés par l'esprit de parti, qui avaient fait tous leurs efforts pour combattre l'élection des représentants napoléoniens. Toutefois le vote se fit dans un ordre parfait, et l'on vit avec joie que M. Baroche, que nous avions élu en 1848, l'était encore à une grande majorité. Ses grandes capacités, ses votes à l'Assemblée constituante et la confiance que lui avait témoignée le prince-président en le nommant procureur général à la cour d'appel avaient assuré son élection. Il a depuis été ministre de l'intérieur, ministre présidant le conseil d'État, ministre de la justice et des cultes.

Le prince Napoléon fut élu comme parent du président de la République et comme ayant fait preuve de grandes capacités à l'Assemblée constituante.

L'élection du maréchal Bugeaud, auquel le prince-président avait confié le commandement de l'armée des Alpes, était assurée, parce que son commandement et ses votes à la Constituante avaient justifié et augmenté la confiance que nous avions en lui.

M. de Chasseloup-Laubat, reconnu comme ancien député libéral, a été également élu. Il est aujourd'hui ministre de la marine.

On proclama en outre les représentants que je vais faire connaître :

M. Dufaure, véritable homme d'État, ministre sous Louis-Philippe, sous le gouvernement du général Cavaignac et sous la présidence du prince Louis-Napoléon.

M. de Laborde, colonel, qui se présentait comme dévoué au président de la République.

M. le général Montholon. Le dévouement de ce vieux brave à Napoléon Ier était connu du monde entier. Il n'a abandonné son empereur que quand la mort l'en a séparé à Sainte-Hélène, et il s'est ensuite dévoué au prince héritier. Nous votions pour lui en reconnaissance de sa fidélité à l'empereur et à la famille impériale.

M. Denagle. Je crois me rappeler qu'il était commandant de la garde nationale de La Rochelle et que c'est à ce titre que sa candidature nous fut présentée. Comme c'était le candidat le moins connu, ce fut lui qui obtint le moins de voix, et son nom sortit le dernier de l'urne électorale.

Depuis que nous avions élu le général Regnaud de Saint-Jean-d'Angély, notre confiance en lui n'avait fait qu'augmenter, bien qu'il n'eût pu prendre part qu'aux derniers travaux de l'Assemblée constituante. L'empereur en lui donnant le commandement de la garde impériale de Paris a prouvé qu'il avait en lui autant de confiance que nous. En 1865 on a élevé une statue au comte Regnaud, son père, sur une des places de Saint-Jean-d'Angély.

Le nom du général Vast-Vimeux ne nous était pas bien connu à l'époque où nous l'avons élu, mais il était célèbre dans les rangs de l'armée. On nous assurait qu'il représenterait parfaitement nos opinions et nos intérêts, et depuis ce temps son nom a toujours figuré sur la liste des députés de la Charente-Inférieure.

Tous les hommes dont je viens de rappeler les noms font l'honneur de notre département. Par le choix de ses représentants, la Charente-Inférieure s'était mise au rang des premiers départements de France; elle envoyait à l'Assemblée législative des hommes doués des plus hautes capacités dans diverses spécialités. On y trouvait des généraux renommés par leur bravoure et leurs talents, amis de l'ordre et capables de le défendre les armes à la main; des orateurs dont l'éloquence est d'un grand poids dans les délibérations; des hommes d'État célèbres qui ont énergiquement défendu les intérêts et l'honneur du pays et se sont fait admirer du monde entier.

Le prince Napoléon, élu dans plusieurs départements, ayant opté pour un autre que la Charente-Inférieure, et la mort nous ayant, au grand regret des amis de l'ordre, enlevé l'illustre maréchal Bugeaud, il nous fallut procéder à la réélection de deux représentants.

Plusieurs candidats se présentaient. M. Eschassériaux, dont le père a laissé dans tout le département les plus honorables souvenirs, fut élu à une grande majorité. Il fait encore aujourd'hui partie de la députation.

M. Délajus, qui, si je ne me trompe, était maire de Saint-Simon, fut aussi élu, bien qu'il fût peu connu des électeurs; mais on nous assurait que c'était un homme capable et très dévoué au prince-président.

L'élection de ces représentants se fit sans de grandes difficultés, car les opposants, voyant qu'ils échouaient toujours, avaient fini par se retirer.

Il n'y a peut-être pas en France un seul département où les élections aient été aussi sérieusement et aussi sagement faites qu'elles l'ont été dans la Charente-Inférieure; les noms, les qualités, les talents, le dévouement de tous les candidats ont été consciencieusement étudiés et débattus par les électeurs; aussi nulle part la majorité n'a été plus prononcée et les résultats plus beaux.

L'Assemblée législative avait été convoquée pour les premiers jours de juin 1849. Environ dix jours après la réunion des mandataires du peuple, quelques représentants, au nombre desquels ne figurait aucun de ceux de notre département, voulurent s'opposer au vœu du peuple qui s'était si unanimement manifesté dans l'élection du président de la République; ils essayèrent de faire une nouvelle révolution; mais le prince-président avait pris toutes les précautions nécessaires pour éviter ce malheur; la tentative échoua et la révolution fut étouffée avant d'avoir vu le jour.

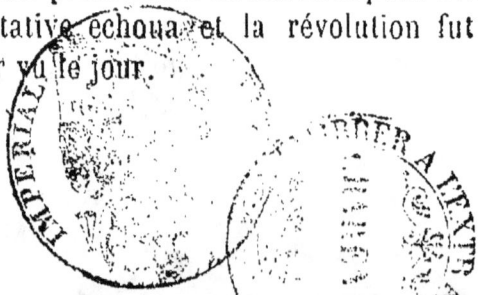

2

C'est ici le lieu de revenir sur ce que j'ai dit plus haut en parlant du général Cavaignac. J'ai dit que lors de l'élection du 10 décembre ce général pouvait avoir un grand nombre de partisans dans la bourgeoisie, à cause de l'énergie qu'il avait montrée dans les journées de juin en triomphant de l'émeute. Hélas! un grand nombre de ceux qui ont dressé les barricades et qui s'y sont fait tuer ne savaient peut-être pas pourquoi ils combattaient; mais combien de défenseurs de l'ordre, de gardes nationaux, de gardes mobiles, de bourgeois, d'honnêtes ouvriers ont également péri dans ces funestes journées! Certes, le général Cavaignac a fait en cette circonstance preuve non-seulement de talent, mais de dévouement à l'ordre, et il a, on peut le dire, sauvé la société; mais ceux qui alors combattaient avec lui ne doivent-ils pas avec plus de raison se ranger du côté de Napoléon, qui, lui aussi, a sauvé la société, et qui l'a fait sans répandre une goutte du sang français? Comment tous ces braves citoyens qui en juin prodiguaient leur vie pour le maintien d'un gouvernement détesté ne se rallieraient-ils pas à cette immense majorité qui a par trois fois acclamé le prince héritier du nom et du génie du grand Napoléon?

En envoyant des hommes d'ordre à l'Assemblée législative, les électeurs avaient fait preuve de bon sens et d'un patriotisme bien compris. La révolution que les éternels ennemis du peuple ont essayé de faire dès les premiers jours de la réunion des représentants a avorté, parce qu'on a compris que ceux qui la faisaient n'aimaient pas leur pays, puisqu'ils voulaient renverser ce que le pays avait fait : ces gens-là, qui ont toujours dans la bouche les mots d'*amour du peuple*, *bonheur du peuple*, *liberté du peuple*, ne savent que le faire tuer ou le faire mourir de misère, et lorsque, comme dans les élections du président de la République et celles de l'Assemblée législative, le peuple tout entier manifeste de la manière la plus éclatante son amour de l'ordre, cette poignée de révolutionnaires s'efforce de détruire ce que le peuple a fait. En vérité, si ce n'était pas si triste, ce serait risible d'entendre ces hommes dire que c'est au nom du peuple qu'ils agissent, à l'instant même où le peuple vient de leur donner le démenti le plus formel.

Mais, grâce à Dieu, le peuple ne se laisse plus prendre à leurs belles paroles. On sait maintenant que les révolutions ne sont faites que par des ambitieux ou des rêveurs qui ne craignent pas de précipiter toute une nation dans l'abîme pour satisfaire quelques individus ou faire triompher des idées impossibles. Le peuple aime mieux s'occuper de ses propres affaires que de celles de ces révolutionnaires.

Les amis du peuple l'encouragent à travailler, parce que le travail le rend heureux; les ennemis du peuple l'engagent à ne pas travailler, parce que quand il ne travaille pas, il est dans la misère. C'est sur cette misère, que les révolutionnaires ont faite eux-mêmes, qu'ils comptent pour arriver à leur but, parce qu'ils savent que quand le peuple est misérable, il est prêt à faire des révolutions.

Or, voici ce qui arrive inévitablement quand le peuple fait une révolution : avant de la faire, le travailleur travaillait ; quand elle est faite, si le travailleur n'est pas tué, ou blessé, ou entre les mains de la justice, il reprend son travail. Qu'a-t-il donc gagné à perdre son temps et exposer sa vie, sa santé ou sa liberté en cherchant à renverser le gouvernement? Il a gagné d'être obligé de travailler davantage pour rattraper ce qu'il a perdu pendant qu'il faisait la révolution ; s'il revient estropié de la bataille, quel que soit le parti qui ait triomphé, le travailleur a gagné d'être réduit à la mendicité durant toute sa vie.

Les ouvriers français, qui ont tant de goût dans ce qu'ils font que leurs œuvres sont recherchées dans tout l'univers ; les travailleurs des campagnes, dont les produits se vendent si vite et si bien, devraient pourtant aimer à travailler, plutôt que d'écouter des beaux parleurs qui les trompent. Qu'ils sachent donc une bonne fois qu'il n'y a pas de gouvernement qui ne désire le bonheur du peuple et ne fasse tout ce qu'il peut pour le lui procurer ; car il n'y a pas de gouvernement qui veuille être renversé. Or, comme le gouvernement sait, tout aussi bien que les révolutionnaires, que quand le peuple est malheureux il est prêt à faire des révolutions, ceux qui gouvernent font tous leurs efforts pour que le peuple soit heureux ; mais tous ne savent pas ce qu'il faut faire. Il n'y a donc que les ennemis du peuple qui cherchent à renverser les gouvernements, et c'est parce que les gens qui veulent renverser le pouvoir lui suscitent des embarras, que le souverain ne peut pas faire tout ce qu'il veut pour le bonheur du peuple. Donc, encore une fois, les ennemis du gouvernement sont les ennemis du peuple.

Après la tentative de révolution dont je viens de parler, le calme s'était rétabli, les affaires avaient repris leur cours ; mais la République ne plaisait pas à la France, et quelles que fussent la sagesse et les bonnes intentions du gouvernement, elle ne pouvait durer.

Les années 1849, 1850 et 1851 avaient mis en évidence la haute sagesse et les talents éminents du prince que la nation avait presque unanimement mis à la tête de l'État ; mais le temps de ses pouvoirs était au moment d'expirer,

et comme la Constitution défendait de le renommer président de la République, le peuple, qui ne voulait pas d'autre chef, commençait à s'inquiéter ; on faisait des pétitions
où l'on demandait l'abrogation de l'article qui s'opposait à
la réélection du président. D'un autre côté, les révolutionnaires s'agitaient et se préparaient à lutter contre le
peuple. La lutte eût été terrible et ses conséquences étaient
incalculables. La France était en danger.

Heureusement, le 2 décembre, par un coup d'État qui
sauva la société, le président de la République prononça
la dissolution de l'Assemblée législative. Cet acte énergi-
que fut accueilli aux applaudissements de la majorité qui
avait élu le prince, et même d'un grand nombre de ceux
qui n'avaient pas voté pour lui. Le président usait de son
droit, puisque ses pouvoirs n'étaient pas encore expirés,
mais il voulut avoir l'assentiment formel de la France, et
à cet effet le peuple tout entier fut invité à se réunir dans
ses comices pour se prononcer par *oui* ou par *non* sur le
maintien du prince à la présidence de la République. Des
bulletins imprimés, portant les uns *oui*, les autres *non*,
furent distribués partout. En votant *oui* l'on maintenait
le prince à la présidence de la République et on lui confé-
rait le droit de faire une Constitution.

Cette fois encore le département de la Charente-Inférieure se fit remarquer par son dévouement au prince
Louis-Napoléon ; on vota *oui* à la presque unanimité. Dans
toute la France environ huit millions de bulletins approba-
tifs furent déposés au scrutin.

Cette majorité s'accrut encore lorsque le prince président convoqua une nouvelle assemblée sous le nom d'assemblée consultative. Elle fut composée d'hommes de son
choix, et elle fit une Constitution destinée à remplacer

celle de 1848. Il y était dit que l'on ne voterait plus par
scrutin de liste; ainsi chaque électeur n'avait plus qu'un
nom à inscrire sur son bulletin.

Peu de temps après la proclamation de cette Constitution, en 1852, tous les électeurs de France furent convoqués pour élire des députés au Corps législatif. Les départements furent divisés en circonscriptions, dont chacune
devait élire un député; le vote avait lieu par commune.
Le Corps législatif devait se composer d'environ deux cent
quatre-vingts députés.

Le département de la Charente-Inférieure fut divisé en
quatre circonscriptions; nous faisions partie de la qua-
trième, qui se compose de l'arrondissement de Saint-Jean-
d'Angély et de deux cantons de l'arrondissement de
Saintes. Il ne se présenta qu'un seul candidat pour notre
circonscription. C'était M. le vicomte Anatole Lemercier,
petit-fils de M. Lemercier, l'ancien président du conseil
des Anciens à la fameuse journée du 18 brumaire, et du
maréchal Jourdan, le vainqueur de Fleurus. Je crois me
rappeler que cette candidature était recommandée par
M. le général, aujourd'hui maréchal de France, comte
Regnaud de Saint-Jean-d'Angély, homme en qui nous
avions toute confiance.

Le jour du vote, nous allâmes avec empressement
déposer le nom de M. Lemercier dans l'urne électorale.
Cette élection se fit sans aucune opposition; tout le monde
savait d'avance que M. Lemercier serait élu, et ceux qui
auraient cherché à entraver son élection auraient perdu
leur temps. A partir de cette époque, je ne puis dire le
nom des députés élus dans les autres circonscriptions de
notre département, parce que nous ne votions plus ensemble, mais il paraît que les électeurs de ces circonscrip-

tions ont toujours voté dans le même sens que nous jusqu'en 1863.

C'était peu pour nous de voter pour des députés; nous voulions faire l'Empire, parce que l'Empire c'est l'ordre et la prospérité, tandis que la République c'est le désordre et la misère. Nous détestions la République comme elle mérite d'être détestée. Nous avons eu en France deux Républiques : celle de 1793, qui a fait guillotiner et noyer un grand nombre d'honorables citoyens, et celle de 1848, qui avait, par l'impôt des quarante-cinq centimes, ruiné les propriétaires, et, par l'anéantissement du commerce, ruiné les travailleurs, ouvriers et cultivateurs.

Le prince-président fit une tournée dans le midi de la France. A son retour, il passa par Bordeaux et Angoulême, d'où il prit la route de Rochefort. Une foule incroyable d'habitants, même de contrées assez éloignées des lieux où il passait, accourut pour le voir et l'acclamer; les uns allaient l'attendre à Cognac, d'autres à Saintes, et, quoi que l'on fût en pleines vendanges, on abandonnait les récoltes pour saluer le prince bien-aimé, dans lequel tout le monde voyait un bienfaiteur. Pour moi, je me rendis à Cognac, où le prince fut reçu sous un très bel arc de triomphe, aux acclamations d'une immense multitude qui poussait avec passion le cri de : Vive l'Empereur !

Peu de temps après, le Sénat, reconnaissant que toute la France voulait l'Empire, émit un vœu dans ce sens, à la suite duquel nous fûmes convoqués à voter encore par *oui* et par *non* sur le rétablissement de l'Empire. Le prince Louis-Napoléon pouvait encore compter sur le département de la Charente-Inférieure, où l'Empire était tant désiré. Nous retrouvâmes cette fois ces mêmes contradicteurs que nous avions rencontrés aux élections de 1848 pour la présidence ; ils nous disaient qu'il ne fallait pas voter pour l'Empire, et, comme ils voyaient bien que nous voulions absolument un empereur, ils nous engageaient à ne pas demander un Empire héréditaire.

Était-ce en présence des malheurs que le système électif a causés à la Pologne qu'il fallait nous dire cela ? Est-ce que ceux qui nous parlaient ainsi voulaient voir la France dans la même position que la Pologne ?

Les électeurs qui votaient l'Empire étaient des partisans de l'ordre, des amis sincères de leur pays ; ils avaient vu plusieurs gouvernements et avaient reconnu que l'Empire est le meilleur. Aussi, en demandant l'Empire, ils ne faisaient pas comme ces ambitieux qui ne cherchent à renverser les gouvernements que pour prendre leur place et enrichir leurs amis, ou comme ces utopistes qui veulent à toute force imposer leurs idées, lors même que ces idées ont déjà fait la misère du peuple. Nous qui votions pour l'Empire, ce n'était pas dans l'espoir d'être nommés ministres, ou sénateurs, ou conseillers d'État, ou préfets, ou d'avoir un de ces beaux emplois qui sont si bien rétribués, c'était seulement pour avoir l'ordre, la tranquillité, la sécurité indispensable au commerce qui fait vivre tout le monde.

Nos contradicteurs ne purent ébranler cette belle majorité qui avait déjà fait la présidence de Louis-Napoléon, et qui avait applaudi au coup d'État. L'Empire fut voté encore par environ huit millions de suffrages. Chacun se disait : « Il vaut mieux rester tranquille chez soi et s'occuper de ses affaires que d'être à tout moment dérangé pour voter des changements de gouvernements, qui ne font que créer de nouveaux partis, aggraver la misère des malheureux et tuer le commerce. »

Dans les premières années de l'Empire on eut à soutenir la guerre d'Orient contre la Russie. Cette guerre était devenue inévitable, et l'on n'était pas fâché de faire voir à l'Europe que la France de Napoléon III valait celle de Napoléon Ier. On fit des souscriptions pour envoyer à nos braves soldats tout ce qui leur était nécessaire. La Charente-Inférieure y prit une large part. La France eut la victoire au dehors et l'ordre au dedans. La fortune publique s'accrut rapidement, et cela continue.

Il y a des gens qui critiquent le gouvernement impérial ; ils disent : « Si l'Empereur faisait ceci ou cela, les choses iraient mieux. » Mais souvent ces gens prennent le mal pour le bien et le bien pour le mal. Si, malheureusement pour nous, ils étaient à la place de l'Empereur, ils feraient comme lui, et probablement beaucoup moins bien.

En 1857, nous fûmes convoqués pour nommer un député au Corps législatif. M. Anatole Lemercier fut encore le seul candidat. Il était patronné par M. le préfet. L'élection se fit, comme celle de 1852, avec un ensemble admirable. Chacun se réjouissait d'avoir renversé la République et voté l'Empire. Il y avait bien quelques mécontents, mais ils gardaient le silence. En effet, de quoi pouvaient-ils se plaindre ? Pouvaient-ils dire que les affaires n'allaient pas ? Elles allaient bien. — Auraient-ils allégué que la France s'était humiliée en repoussant la République ? L'Empire venait de la couvrir de gloire à Sébastopol. — Auraient-ils dit que le gouvernement napoléonien n'avait pas la confiance publique ? L'État venait de faire un emprunt considérable qui avait été quatre fois couvert par la nation. Les mécontents témoignaient des regrets ; mais les regrets qu'ils auraient dû avoir, c'était d'avoir combattu la candidature du prince Napoléon, du maréchal

Bugeaud et du général comte Regnaud de Saint-Jean-d'Angély.

M. Lemercier fut élu, parce que l'on pensait qu'il seconderait la politique impériale, et que, tout en représentant notre pays avec les grandes capacités dont il est doué, il serait toujours en accord parfait avec l'Empereur, qui gouverne si bien la France.

En 1859 on eut la guerre d'Italie contre l'Autriche. L'Empereur commandait en personne. Je n'ai pas à entrer dans des détails sur cette glorieuse campagne. Je rappellerai seulement que jamais campagne n'a été si éclatante. En trois mois de temps on avait battu, repoussé et en grande partie détruit une armée de quatre cent mille hommes sans lui laisser remporter le moindre succès.

Depuis quelques années le peuple s'occupait plus de ses affaires personnelles que de politique; mais les élections qui devaient avoir lieu en 1863 commençaient à se glisser dans les conversations. La polémique des journaux, les circulaires adressées aux électeurs, les discours que l'on tenait, faisaient prévoir que cette élection ne se ferait pas avec autant de calme que celles des années précédentes. On parlait déjà de plusieurs candidats, et il y avait des électeurs qui repoussaient la candidature officielle, sans appuyer celle du député précédemment élu. Cette agitation s'était produite dès avant que tous les candidats se fussent présentés. Ceux qui repoussaient la candidature qui allait être patronnée par l'administration étaient précisément les mêmes qui avaient combattu l'élection du prince Louis-Napoléon, du maréchal Bugeaud et du général Regnaud de Saint-Jean-d'Angély en 1848; aussi, au lieu de nous inspirer de la confiance, ils s'attiraient la défiance de tous les électeurs, qui se promettaient de bien s'entendre entre eux, et de chercher à amener la conciliation entre les divers partis, afin de contribuer au bonheur du pays.

Un décret impérial fixa au 31 mai les élections de 1863. Aussitôt, l'on vit placarder dans toutes les communes des professions de foi de trois candidats : MM. Anatole Lemercier, député sortant; Le Roy de Loulay et Simonnot. J'ai lu avec la plus grande attention les circulaires de chacun d'eux, et après avoir noté ce qu'ils disaient de plus avantageux pour le bien du pays et ce qui, dans leurs écrits, pouvait contribuer le plus à l'accord si désirable des gens de bien de tous les partis, je les ai examinées de nouveau pour mieux apprécier ce qu'ils disaient, et je me trouvai n'avoir plus à choisir qu'entre deux candidats, qui étaient MM. Lemercier et Le Roy de Loulay.

Quelques jours avant l'élection, M. Lemercier s'étant rendu à Ballans, où il avait été invité à être le parrain d'une cloche, on s'attendait qu'il profiterait de cette occasion pour prononcer un discours; un grand nombre d'électeurs, dont je faisais partie, s'y sont rendus pour l'entendre. M. Lemercier fit, en effet, dans la cour de M. Petit, un discours qui fut écouté avec la plus grande attention et qu'il termina par le cri de : Vive l'Empereur! qui a été répété par toute la foule qui se trouvait là.

J'ai examiné une à une toutes les questions abordées par l'orateur, et j'ai trouvé tout ce qu'il a dit très satisfaisant et très éloquent. M. Lemercier est le digne descendant du président du conseil des Anciens et du vainqueur de Fleurus Il est bon qu'un pays conserve la mémoire des hommes éminents qui l'ont illustré et en témoigne sa reconnaissance à leurs descendants. M. Lemercier y a plus droit que tout autre, car il est à la hau-

teur du nom qu'il porte; c'est un homme d'honneur et de
grandes capacités, et il ne manquera jamais de dévouement envers l'Empereur.

Les hommes qui soutenaient sa candidature le faisaient
avec une grande modération. C'étaient pour la majeure
partie des électeurs qui avaient composé cette immense
majorité du 10 décembre, et qui si l'Empire n'avait pas
été fait étaient prêts à le voter une seconde fois. M. le
vicomte Anatole Lemercier étant notre député, il était
naturel de le maintenir à la députation.

Mais avant de décider pour qui je voterais, j'avais à
examiner la candidature de M. Le Roy de Loulay, qui, lui
aussi, est un homme d'honneur, et dont la profession de
foi était telle que nous pouvions le désirer, si son auteur
tenait toutes les promesses qu'il y faisait. Je n'aime pas
que l'on fasse des promesses que l'on ne peut pas tenir :
cela nuit à ceux qui les font et à ceux à qui on les fait.

M. Le Roy de Loulay se présentait comme candidat
officiel, et il était recommandé par le préfet, homme de
cœur et dévoué à l'Empereur. Recommandé par le préfet,
c'était presque comme s'il l'était par l'Empereur lui-même,
car les préfets représentent le gouvernement; ils ont la
confiance du souverain, qui a remis entre leurs mains une
partie de ses pouvoirs ; mieux que personne, ils savent
ce qui convient au gouvernement; ils connaissent les rai-
sons qui déterminent l'administration supérieure à pré-
senter aux électeurs tel candidat de préférence à tel autre.
Le préfet de notre département, M. Boffinton, avait reçu
de l'Empereur un brillant témoignage de satisfaction pour
son excellente administration. Nous avions donc toute
raison de penser que c'était un ami sincère de l'Empereur
et de l'Empire, et nous devions plutôt ajouter foi à ses

paroles qu'à celles d'individus que nous ne connaissions pas, et qui n'avaient jamais été de notre avis quand nous votions pour la présidence et pour l'Empire, gens que l'on voit toujours faire de la propagande révolutionnaire à toutes les élections, mais dont heureusement nous nous défions, sachant fort bien que ce n'est pas dans l'intérêt du peuple ou du pays qu'ils parlent, mais dans l'intérêt de leur parti ou de leur ambition. Je pensai donc que si j'avais un avis à suivre ce devait être, de préférence à tout autre, celui d'un homme placé dans la position de M. le préfet.

On a remarqué que parmi les électeurs qui n'étaient pas de l'avis de M. le préfet il s'en trouvait beaucoup qui s'étaient opposés à l'élection du prince qui nous gouverne aujourd'hui avec tant de gloire et de sagesse ; véritable bienfaiteur du peuple qui a mis en lui toute sa confiance, et auquel je m'honore et me félicite d'avoir donné la mienne.

Et en qui pourrions-nous mieux placer notre confiance qu'en celui que nous avons trois fois élu et qui ne nous a jamais trompés ? N'est-ce pas lui, n'est-ce pas notre Empereur qui nous a dotés d'une Constitution dont des hommes qui n'y ont pas coopéré, des ennemis du système napoléonien, ont dit que c'était la plus belle de toutes celles que l'on avait faites jusqu'alors ? N'est-ce pas lui qui a écrasé l'anarchie et ramené l'ordre et la tranquillité dans notre pays ? Lui qui a épargné à la France des malheurs dont elle était menacée ? Lui qui nous a sauvés des socialistes, des communistes, des partageux ? Lui qui a ramené la confiance, agrandi le commerce par les traités, donné une nouvelle impulsion à l'industrie par la création de nouveaux chemins de fer, donné de l'ouvrage à tous les ouvriers par les grands travaux exécutés de toutes parts, augmenté la fortune publique? N'est-ce pas l'Empereur, enfin, qui a replacé la France au premier rang parmi les nations européennes?

Combien n'avons-nous pas vu d'hommes qui nous faisaient les plus belles promesses pour le bonheur du peuple, et qui ne nous ont donné que la misère? Napoléon III, lui, nous a fait plus de bien qu'il ne nous en avait promis.

Je crois me rappeler que M. le sous-préfet de Saint-Jean-d'Angély, dans un discours qu'il a prononcé au concours agricole de Matha, en 1862, nous disait une chose fort juste, c'est que, parmi les personnes qui se croyaient capables de juger la politique intérieure de Napoléon III, les unes disaient qu'il était trop libéral, les autres qu'il ne l'était pas assez, ce qui prouvait que l'Empereur suivait exactement la ligne que les circonstances exigeaient.

L'Empereur nous a donné la liberté de faire le bien; a-t-on raison de lui reprocher de ne pas nous donner celle de faire le mal? S'il nous la donnait, cette liberté que réclament à si grands cris les soi-disant libéraux qui ont toujours aux lèvres ou au bout de leur plume ce grand mot de liberté qu'ils jettent comme un appât auquel les naïfs se laissent prendre, s'ils l'avaient cette liberté de tout dire et de tout faire, ils nous auraient bientôt replongés dans la misère d'où nous ont retirés les restrictions opposées par la sagesse impériale aux excès de la liberté.

Après les bienfaits dont l'Empereur nous a comblés, il serait insensé de ne pas avoir en lui la plus entière confiance. Insensés aussi seraient ceux qui, aimant Napoléon III comme nous l'aimons, ne suivraient pas les avis des hommes qu'il a choisis pour le représenter dans les départements, tels que M. le préfet de la Charente-Inférieure et M. le sous-préfet de Saint-Jean-d'Angély. J'ai donc voté pour M. Le Roy de Loulay, qui était patronné par eux comme candidat officiel, et la majorité des électeurs de Siecq, qui est la commune que j'habite, a voté comme moi.

Après cette élection, les électeurs qui n'étaient pas de notre avis et qui avaient fait connaître qu'ils ne voteraient pas comme nous, s'appuyaient sur l'exemple donné par les électeurs de Paris, qui avaient nommé des candidats non officiels. D'abord il y a eu des circonscriptions à Paris qui ont voté pour les candidats du gouvernement ; en second lieu, les candidats non officiels n'ont été, pour la plupart, nommés qu'à une majorité relativement faible, ce qui prouve qu'à Paris même les candidatures officielles ont obtenu un grand nombre de voix.

Ce n'est pas l'exemple de Paris que doivent suivre les campagnes ; il y a du bon dans la grande ville, mais il y a trop de mauvais. On parle toujours de la révolution de 1789 et des avantages qu'elle nous a donnés, comme si c'était à Paris seulement que nous les devions ; mais ne les devons-nous pas aussi aux députés des provinces ? Est-ce que toute la France n'était pas représentée aux assemblées qui ont eu lieu à cette époque et qui ont adopté les principes qui sont aujourd'hui notre règle ? C'est dans ces assemblées que les Regnaud de Saint-Jean-d'Angély et les Lemercier ont conquis leurs titres à la célébrité, et le grand orateur Mirabeau n'était pas de Paris.

Si nous avons obtenu en 1789 une extension de nos libertés et l'abolition des privilèges, à quel prix les avons-nous payés ? Quatre ans après la révolution de 89 arrivait le règne de la Terreur, pendant lequel des milliers de Français de tout rang, de tout âge, des femmes, des enfants ont été égorgés, guillotinés, noyés; le plus pur du sang français coulait sur toutes les places publiques. Si Paris eût voulu s'opposer à ces scènes abominables, il eût été applaudi de l'univers entier.

Le 15 mai, le peuple de Paris envahit l'Assemblée constituante. Il n'y avait que onze jours qu'elle était réunie, et elle n'avait pas encore eu le temps de faire ni bien ni mal, mais elle était pour la plus grande partie composée d'hommes modérés, peu partisans de la République, et représentant l'esprit des habitants des campagnes qui les avaient nommés. Cela ne plaisait pas à MM. les émeutiers parisiens; elle fut envahie et sa dissolution fut proclamée par les envahisseurs, qui se rendirent ensuite à l'hôtel de ville et formèrent un nouveau gouvernement provisoire, et ce gouvernement avait déjà décrété pour un milliard de nouveaux impôts, sans compter qu'il était question, m'a-t-on dit, de deux heures de pillage.

Mais un grand nombre de gardes nationaux se portèrent aussi à l'hôtel de ville, s'emparèrent des membres de ce nouveau gouvernement et les firent prisonniers. L'ordre fut momentanément rétabli. Je dis momentanément, car le 24 juin l'émeute descendit de nouveau dans la rue, les barricades furent redressées et le canon tonna trois jours durant. Je ne sais si ceux qui combattirent l'émeute étaient ceux qui forment aujourd'hui ce qu'on appelle la majorité qui vote contre le gouvernement, mais il leur a fallu le secours des gardes nationales des départements voisins et de la banlieue de Paris pour rétablir la tranquillité.

Je répète que les habitants des départements ne doivent

pas, dans les élections, prendre modèle sur Paris. Les électeurs des départements aiment l'ordre et la tranquillité, parce que ce sont eux qui en définitive paient les frais du désordre et de l'émeute; tandis qu'une partie des électeurs de Paris n'ont pas grand'chose à perdre à une révolution, d'autres ont beaucoup à y gagner; d'autres enfin, par haine ou par indifférence pour la France, excitent ou laissent faire les révolutionnaires. Pendant que Paris était au comble du désordre, les départements, surtout celui de la Charente-Inférieure, donnaient l'exemple d'un ordre admirable.

Je suis persuadé que tous les députés, ceux qui soutiennent la politique napoléonienne aussi bien que ceux qui lui font de l'opposition, sont parfaitement indépendants. C'est dans cette persuasion que je vote pour eux, espérant qu'ils défendront nos intérêts et l'intérêt général, d'accord avec le gouvernement. Quand j'entends parler d'opposition, je me demande si les opposants veulent empêcher l'Empereur de continuer à nous prodiguer ses bienfaits, de gouverner la France avec une sagesse qui fait l'admiration des autres souverains; je me demande si l'opposition est mécontente du rapide accroissement de la fortune publique, qui dépasse aujourd'hui le chiffre le plus élevé qu'elle ait jamais atteint; je me demande si l'opposition est fâchée de voir les travailleurs des villes et des campagnes jouir d'une aisance qu'ils n'avaient jamais connue; je me demande enfin si ceux qui déblatèrent contre le gouvernement impérial ne sont pas jaloux de la gloire et de la prospérité de la France, si respectée maintenant à l'étranger, si grande au dedans comme au dehors; gloire, prospérité, respect, grandeur qu'elle doit à Napoléon III.

Réunissons-nous donc tous, habitants des campagnes, et joignez-vous à nous, habitants des villes, pour soutenir le trône que nous avons fondé, pour établir solidement la dynastie napoléonienne, à qui nous devons d'être ce que nous sommes. N'écoutons pas ceux qui nous parlent des libertés qui nous manquent. Ce sont eux qui, par leur opposition systématique, par l'agitation et les inquiétudes qu'ils s'efforcent de jeter dans les esprits, empêchent l'Empereur de poser dès à présent le couronnement de l'édifice.

FIN.